業務田　スー子の

ヒルナンデス！

時短・爆安
神レシピ！

JN081801

Introduction
はじめに

　こんにちは！　業務スーパーを愛し、日々通い続け、使い倒している、業務スーパー非公認大使の、業務田スー子と申します！

　業務スーパーはその名のとおり、飲食店の方が食材を調達するプロ御用達の店でしたが、最近では一般の方も利用できることが広く知られるようになりました。

「置いていないものはない！」と言っても過言ではないくらい品揃えが豊富で、普通のスーパーでは見かけない商品が所狭しと並んでいるので、お気に入りを見つける宝探しのような楽しさもあります。また、プロ仕様の特大の容器に入った商品が、驚くような値段で販売されているので、家計を預かる私たち主婦（主夫）の味方でもあるんです。

　そんな"業スー"の商品レビューを日々書き連ねているうちに、『ヒルナンデス！』で取り上げられることになり、気がつけば10回ほど出演を重ね、いつの間にやらレシピ本を出版するまでになりました。本当にありがたいお話です。

　この本では番組でもご紹介した業スー商品アレンジレシピの他に、「時短」「とことん安いのにおいしい」にこだわったオリジナルレシピを多数掲載しています。

　どれもおいしさは保証しますので、気になったものから、試していただけるとうれしく思います。

Contents 目次

どれを食べても
味はお墨付き！
たんとおあがり

業務スーパーを使い倒す3カ条

その 1 大容量低価格食品を活用すべし!

業務スーパーの商品はとにかく大きいのが特徴。大事なのは「使いきらないと」と気負わず、「どう調理してやろうか」という挑戦心を持つこと。保存する際はカレーやしょうゆなどで下味をつけてから冷凍すると、その後の調理が楽になります。

冷凍食材で時短すべし! その 2

「時間がない」「料理をするのが面倒くさい」という日は、冷凍食品を使って時短しましょう。下ごしらえが必要ない冷凍野菜や魚介類は、調理時間を大幅に短縮してくれます。なにより、料理の出来上がりも間違いないですから、活用してください。

その 3 プロ仕様の調味料に頼るべし!

業務スーパーは調味料の種類もとにかく豊富。そのまま使ってもいいのですが、ちょっと工夫してパスタをあえたり、漬け込みのタレにすれば料理のバリエーションが無限に広がりますし失敗もありません。

業務スーパー安さのヒミツ

コスパ最高の業務スーパーは私たち主婦の味方！ 毎日が特売日と言っても過言じゃありません！ もちろん、業者じゃなくても普通に買い物できるので、ぜひ使い倒してくださいね。今日は非公認大使である私・業務田スー子が安さのヒミツをお伝えします!

Secret | 1　材料から育てている!

農場や養鶏場で原材料を育てているんだからスゴイ！ 販売だけじゃなく、製造も自社で担っているから、コストを大幅にカットできているんです。

Secret | 2　仕入れと流通のコストカット

フランスやイタリア、ベルギー、アメリカなど約40カ国から厳選した商品を大きなコンテナで直輸入！ その量、なんと1年間で富士山約10個分ですって!

Secret | 3　仕入れと流通のコストカット

問屋を通さないでメーカーから直接仕入れたり、自社グループ工場でオリジナル商品を作っているからコストを大幅に削れているんですね。

プロもアマもみんなカモン!

Secret | 4　無駄・非効率を徹底排除!

広告はWEBチラシがメインだから、広告費を大幅カット。その分、商品の価格が下がっているのね。冷凍食品用の什器もオリジナルで開発しているんですって。

Secret | 5　他社にないオリジナル商品の数々

話題になった牛乳パック入りのデザートシリーズやビッグサイズの加工食品など、他にはないオリジナル商品が次々とヒットしているんです！ もちろん、おいしさも太鼓判!

本書の使い方

1食あたりの金額

[1人あたり] 45円

使用する業務スーパーの食材・調味料

レシピ名

材料

巻末の材料別の索引を使えば、家にある材料など、使いたい食材からレシピを逆引きできます。色がついている材料は業務スーパーの商品です。

スー子ポイント

Item | とろけるナチュラルチーズ1kg

お湯でじっくり火を通すから失敗知らず

めちゃ楽ポリ袋オムレツ

材料 1人分

卵…3個
とろけるナチュラルチーズ1kg…50g
グラスフェッドポンドバター加塩…10g
ほうれん草…50g
塩こしょう…少々
ケチャップ…適量

作り方

1 ケチャップを除いたすべての材料を耐熱性のあるポリ袋に入れ、袋の外から手で揉んで混ぜ合わせ、空気を抜きながら口をしっかりと縛る。

2 鍋に耐熱皿を置いて湯を沸騰させたら火を弱め、1を皿に上にのせ、中火で15分加熱する。

3 仕上がりがゆるい場合は、追加で1分ほど湯に入れるか、皿に移してラップをかけてレンジで30秒ほど加熱する。仕上げにケチャップをかけたら完成。

POINT

使うのは鍋だけ！チーズのコクでうまみ大幅アップ！

022

第 1 章

あっと驚く
アイデア爆発!

アレンジ
レシピ

いつものメニューに飽き飽きしているのは
子供や家族だけではありません。
お約束の食材で新しい料理をレパートリーに。
毎日の調理を楽しくする
アレンジレシピをご紹介。

あっという間に
一晩寝かせたコクが誕生!

爆速5分カレー

材料 | 2人分

クリスピーフライドオニオン1kg…150g
カレールー…2カケ
洋風野菜ミックス…200g
豚バラスライス…200g
ごはん…茶碗2杯分
水…4カップ
塩こしょう…少々
サラダ油…適量

作り方

1 鍋に油を引き、豚肉を中火で炒めて塩こしょうをふる。

2 肉の表面の色が変わったら、フライドオニオン、ミックス野菜を加えてさらに炒める。

3 野菜がしんなりしたら水を注ぎ入れて強火で熱し、沸騰したら弱火におとす。カレールーを加えて、焦げないように注意して、1分ほど混ぜたら完成。

POINT

フライドオニオンが
あめ色玉ねぎと同じ
コクとうまみを再現

［1人あたり］
170円

［1人あたり］

68円

Item | 餃子の皮(大)

おうちで簡単イタリアン♪

餃子の皮ピザ

材料 | 直径20cm 1枚

餃子の皮(大)…12枚
ピザソース…大さじ3
とろけるナチュラルチーズ1kg…70g
徳用ウインナー…2本
ピーマン…1/2個

作り方

1 火にかける前のフライパンに、餃子の皮を
重ねながら敷き詰める。

2 1にピザソース、チーズ、斜め切りにした
ウインナー、輪切りにしたピーマンの順番
でのせて火にかける。

3 ふたをして蒸し焼きにしながら、皮の裏面
がカリカリしてきたら完成。

POINT

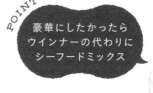

豪華にしたかったら
ウインナーの代わりに
シーフードミックス

Item | 徳用ウインナー

失敗知らずの
テッパン激ウマレシピ

レンチン
オムライス

材料 | 1人分

徳用ウインナー…2本
冷凍ミックスベジタブル…30g
とろけるナチュラルチーズ1kg…30g
卵…1個
ケチャップ…大さじ2
塩こしょう…適量
ごはん…茶碗1杯
パセリ…適量

作り方

1 1cm厚さに切ったウインナー、ミックスベ
ジタブル、ケチャップ、塩こしょう、ごは
んを混ぜ合わせて耐熱容器に入れる。

2 1の上にとろけるチーズをのせて、溶き卵
を上からそっと流し入れる。

3 ラップをかけずに電子レンジで3分加熱し、
ケチャップをかけてパセリを散らしたら出
来上がり。

[1人あたり]
89円

[1人あたり]
150円

 Item | わたりがに(フレーク)缶詰

チャーハンの王様も超簡単!
カニチャーハン

材料 | 2人分

A | わたりがに(フレーク)
缶詰(汁ごと)…1缶
卵…2個
鶏だしの素(濃厚鶏味)…大さじ1/2
ごま油…小さじ1
ごはん…茶碗2杯
塩こしょう…少々
ねぎ…5cm

作り方

1 ねぎをみじん切りにする。

2 耐熱ボウルに1とAを入れて軽く混ぜ合わせたら、ラップをかけずに電子レンジで6分加熱して完成。

POINT

超簡単なのに
めっちゃうまくて
ぜいたくな気分♪

[1人あたり]
135 円

Item｜中華調味料(クミンベース)

鶏肉がやわらかくなる魔法の粉
中華風タンドリーチキン

| 材料 | 4人分 |

中華調味料(クミンベース)
　　…大さじ2
上州高原どり 手羽もと…12本
ケチャップ…大さじ3
無糖ヨーグルト…140g

| 作り方 |

1　ボウルにすべての材料を混ぜ合わせたら、冷蔵庫で1時間おいて味をしみ込ませる。

2　汁けをきったら、魚焼きグリルでじっくり焼く。

3　こんがりと焼けたら、裏返して、中までしっかりと火を通したら出来上がり。

POINT

スパイシーで
本格的な味わいに

[1人あたり]
45円

Item | グラスフェッドポンドバター加塩

業スー食品で味わうフレンチ気分♪

チクカルゴ

材料 2人分

ちくわ…2本
A | パン粉…大さじ4
  | グラスフェッドポンドバター加塩
  | …大さじ3
  | にんにく…1片
  | パセリ…10g

作り方

1 ちくわを3cm幅にカットする。に
んにくとパセリはみじん切りにす
る。

2 ボウルにAを入れ混ぜ合わせ、ス
プーンで1のちくわの穴に詰める。

3 パン粉の表面がこんがりするまで
トースターで焼く。

POINT

スー子的に
ちくわアレンジの
可能性は無限大!

[1人あたり]
30 円

Item｜一升もち

これは罪な食べ物かもしれません

もちくわ

材料 2人分

ちくわ…4本
一升もち…1個
焼肉のタレ…大さじ1
七味とうがらし…適量

作り方

1 縦1/4サイズに細く切った切りもちをちくわの穴に詰めて、油を引き熱したフライパンに水大さじ2（分量外）と一緒に入れ、ふたをして3分蒸し焼きにする。

2 ふたをとって、焼肉のタレをかけてちくわにからめたら完成。

POINT

ちくわってすごい！
主食でもいけるし
おつまみにも最適よ

[1人あたり]

45円

Item | マカロニ(ペンネ)イタリア産

イタリアンな食材は
トマトソースでごちそうに!

ポリ袋ペンネ

材料 | 1人分

マカロニペンネ…80g
水…250mℓ
オリーブオイル…大さじ1
トマトソース…1袋
粗挽き黒こしょう…適量

作り方

1 トマトソースと黒こしょうを除いた材料を
耐熱性のあるポリ袋に入れ、空気を抜きな
がら口を縛る。

2 鍋に耐熱皿を置いてたっぷりの湯を沸騰さ
せたら火を弱め、1を耐熱皿にのせ、弱火
で9分加熱する。

3 トマトソースを袋ごと鍋に入れて2分温め
る。

4 2の湯をきったら3をかけ黒こしょうを
ふって出来上がり。

POINT

ズボラ主婦だって
気ままに
おうちイタリアン

[1人あたり]
45円

Item | とろけるナチュラルチーズ1kg

お湯でじっくり火を通すから失敗知らず

めちゃ楽ポリ袋オムレツ

[材料] 1人分

卵…3個
とろけるナチュラルチーズ1kg…50g
グラスフェッドポンドバター加塩…10g
ほうれん草…50g
塩こしょう…少々
ケチャップ…適量

[作り方]

1 ケチャップを除いたすべての材料を
耐熱性のあるポリ袋に入れ、袋の外
から手で揉んで混ぜ合わせ、空気を
抜きながら口をしっかりと縛る。

2 鍋に耐熱皿を置いて湯を沸騰させ
たら火を弱め、1を皿に上にのせ、
中火で15分加熱する。

3 仕上がりがゆるい場合は、追加で
1分ほど湯に入れるか、皿に移し
てラップをかけてレンジで30秒
ほど加熱する。仕上げにケチャッ
プをかけたら完成。

POINT

使うのは鍋だけ!
チーズのコクで
うまみ大幅アップ!

[1人あたり]
24円

Item | 即席はるさめ500g

夜食にぴったりなヘルシーなスープ

ポリ袋春雨スープ

材料 | 1人分

即席はるさめ…20g(1玉)
水…200㎖
鶏だしの素(濃厚鶏味)…小さじ1/2
ごま油…少々
塩こしょう…少々

作り方

1 ごま油を除く材料を耐熱性のあるポリ袋に入れ、空気を抜きながら口を縛る。

2 鍋に耐熱皿を置いて湯を沸騰させたら火を弱め、1を入れ10分加熱する。

3 器に移したら仕上げにごま油をたらして完成。

POINT

家計を支える
驚異の安さ！

[1人あたり]
178円

Item | コンデンスクリーム

ほったらかしで極上スイーツ爆誕！

コンデンスクリームの生キャラメル

材料 | 4人分

コンデンスクリーム…1缶（380g）

作り方

1 耐熱性のあるポリ袋にコンデンスクリームを入れ、空気を抜きながら口を縛る。

2 鍋に耐熱皿を置いて湯を沸騰させたら火を弱め、1を皿の上にのせて、濃いめの茶色になるまで、弱火で2時間ほど煮る。

3 濃い茶色に変わったら、深さのある小さな皿に移し、冷蔵庫で冷やして完成。

POINT

時間をかけるだけのおいしさを約束！自宅で楽しむお店味

[1人あたり]
82円

Item | 徳用ウインナー

子供も大人もみんな大好き♡

ミニミニアメリカンドッグ

| 材料 | 10本分

徳用ウインナー…10本
A | ホットケーキミックス…150g
　| 卵…1個
　| 牛乳…70㎖
サラダ油…適量
ケチャップ…適量
マスタード…適量

| 作り方 |

1　深めのボウルで、Aをよく混ぜ合わせる。

2　楊枝を刺したウインナーを1の生地につけたら、180℃に熱したたっぷりの油で揚げる。

3　お好みでケチャップとマスタードをかけて完成。

POINT

ありそうでなかった
ひと口サイズ！
これがいいのよ！

ナンプラーとパクチーで
爆速エスニック！

炊飯器
カオマンガイ

［ 材料 ］2人分

上州高原どりもも肉…1枚

米…2合

A｜ナンプラー…小さじ2
　　鶏だしの素（濃厚鶏味）…大さじ1
　　パクチー…2株
　　にんにく…1片

姜葱醬（ジャンツォンジャン）…大さじ2

［ 作り方 ］

1　にんにくとパクチーをみじん切りにする。

2　炊飯器に研いだ米、Aを入れ2合の目盛り
　　まで水を注ぐ。

3　鶏肉を米の上にのせて炊飯する。炊けたら
　　鶏肉を取り出し、ひと口サイズに切り分け
　　る。

4　ライスを皿に盛りカットした鶏肉を上にの
　　せ、姜葱醬を添える。

[1人あたり]

120円

[1人あたり]
190 円

Item | オイスターソース850g

玉ねぎとオイスターソースで絶品に

かきダシおでん

材料 | 2人分

A | オイスターソース…大さじ2
　 | 和風だしの素…少々
　 | 塩…小さじ2
　 | 水…1.5ℓ
　 | 玉ねぎ…1個

※入れる具はお好みで

作り方

1　大きな土鍋にAを加え（玉ねぎは丸ごと）、煮立たせる。

2　1にお好みの具を入れ火が通るまでコトコト煮る。

POINT

スー子の秘伝！
かきのダシで
簡単プロの味！

[1人あたり]
180 円

Item | 冷凍肉団子

まったく新しいしゃぶしゃぶ感！

シュウマイ風トロトロ鍋

[材料] 4人分

寄せ鍋スープ…1袋
肉だんご…1袋
大根…10センチ
にんじん…中半分
小ねぎ…1/2束
ライスペーパー…1袋

[作り方]

1 大根、にんじんは千切りに、小ね
ぎは4cm長さに切る。

2 鍋に大根、にんじん、寄せ鍋スー
プ、肉だんごを加え煮立たせ、火
が通ったら小ねぎを加える。

3 ライスペーパーを1枚ずつ鍋に入
れ、肉だんごや野菜を巻きながら
食べる。

POINT

ハフハフ、ツルリ！
ライスペーパーが
いい仕事するのよ～

[1人あたり]
130円

Item | クリームチーズ227g

フレンチが家庭にやってきた！
魚介の無限テリーヌ

材料 | 4人分

A | クリームチーズ227g…100g
　　生クリーム…100mℓ
　　はんぺん…2枚
スモークサーモン…8切れ
かに風味かまぼこ…8本
小ねぎ…少々
粉ゼラチン…5g
塩こしょう…少々

作り方

1 Aをミキサーにかけなめらかにしたらボウルに移す。

2 小皿にゼラチンと水小さじ1（分量外）を合わせて、レンジで20～30秒温めて完全に溶かしたら、1に入れ手早く混ぜ合わせ、さらに手で裂いたかまぼこ、塩こしょう、小口切りにした小ねぎを加える。

3 ラップを敷いたテリーヌ型にサーモンを敷き詰め、その上から2のフィリングを流し込み空気を抜き、冷蔵庫で半日以上冷やす。

[1人あたり]
184円

Item | 豚肉水餃子

餃子の肉汁がチーズと出会って恋に落ちた

餃子ラザニア

材料 2人分

豚肉水餃子…10個
牛乳…1カップ
とろけるナチュラルチーズ1kg…50g
大盛ミートソース…1袋(170g)
パセリ…適量

作り方

1 フライパンに餃子、牛乳を入れて中火にかけ、底にくっつかないように混ぜながらトロミがつくまで煮込む。

2 耐熱皿に1を入れ、ミートソース、チーズの順番でかける。

3 上にのせたチーズにこんがりと焼き目がつくまでトースターで焼いたら完成。

POINT

水餃子の厚めの皮が煮込みにマッチ!是非お試しを!

Item｜紅白なます

アジアンテイストの鍵は
ナンプラーにあり

紅白なますの
バインミー

材料　2人分

紅白なます…150g
ナンプラー…小さじ2
ロースハム…100g
フランスパン…1/3本
パクチー…適量

作り方

1　ボウルに紅白なますとナンプラーを加え混ぜ合わせて、エスニックなますを作る。

2　フランスパンに切れ目を入れ、ロースハム、エスニックなます、パクチーの順番に挟んだら完成。

POINT

ベトナムで人気！
やみつきになる
サンドイッチよ！

［1人あたり］
170円

[1人あたり] **160**円

Item｜一升もち

おいしいものの三重奏♪
明太餅グラタン

材料 2人分

一升もち…4個
牛乳…250mℓ
ホワイトシチューのルー…2片
明太子…1腹（2本）
とろけるナチュラルチーズ1kg…適量

作り方

1 小鍋に牛乳、ホワイトシチューの
ルーを入れて加熱し、ルーを煮溶
かす。

2 6等分に切った餅を1に加えて、
弱火で2分煮る。

3 2を耐熱皿に移し、薄皮を取っ
た明太子と、チーズをまんべんな
くちらして、トースターで焦げ目
がつくまで焼いたら完成。

POINT
大人も子供も喜ぶ
グラタンの肝は
クリーミーさにあり

034

第 2 章

個性派もビッグボトルも
余らせない

調味料
使いきり
レシピ

冷蔵庫の奥で眠っている「めんつゆ」や
「ドレッシング」だって立派な"食材"。
業務スーパーの大容量調味料は
時短＆簡単料理の強い味方です！

Item | すき焼きのたれ

まさかのアレンジに驚愕！

すき焼きダレの
ローストビーフ

材料 | 4人分

牛ももかたまり肉…400ｇ

にんにく…2片

A | すき焼きのたれ…150㎖
　　水…100㎖
　　塩こしょう…適量

サラダ油…適量

柚子こしょう…適宜

作り方

1　熱したフライパンに油を引き、肉の表面を強火で30秒ずつ、全面を焼く。

2　つぶしたにんにくとAを1のフライパンに加え煮汁をスプーンですくって肉にかけながら6分煮る。

3　ふたをし、火を止め1時間そのまま放置。粗熱が取れたら、5㎜厚さにカットして、残った煮汁をかけて完成。お好みで柚子こしょうを添える。

※肉の中心部まで火が通るよう加熱してください。

[1人あたり]
181円

Item｜すき焼きのたれ

王道中華がこんなに簡単に！

なんとなく 和風酢豚

材料 2人分

豚こま肉…200g

ピーマン…2個

にんじん…1/2本

玉ねぎ…1/2個

A｜すき焼きのたれ…大さじ2
　｜酢…大さじ2
　｜ケチャップ…大さじ2

片栗粉…小さじ1

塩…小さじ1/2

サラダ油…適量

作り方

1 豚肉に塩をふったあと、片栗粉をまぶして
なじませる。

2 油を引いたフライパンで1を炒めて焼き色
がついたら、いったん肉を取り出す。

3 乱切りにしたピーマンとにんじん、くし形
切りにした玉ねぎを2のフライパンで炒
める。

4 取り出した肉を3に戻し、Aを加えて炒め
合わせる。とろみがついたら完成。

Item | すき焼きのたれ

炊飯器の偉大さを思い知るレシピ！

しょうがと里芋の炊き込みごはん

| 材料 | 4人分

冷凍里芋…300g
米…2合
すき焼きのたれ…大さじ5
しょうが…少々
小ねぎ…少々

| 作り方

1 炊飯器に研いだ米とすき焼きのたれを加えたら、2合の目盛りまで水を加えて軽く混ぜる。

2 里芋、千切りにしたしょうがを加えて炊飯する。

3 炊き上がったら器に盛り、小口切りにした小ねぎをちらして完成。

POINT

スイッチひとつで
ほっこりうまい
和風レシピ

［1人あたり］

93円

Item | すき焼きのたれ

意外だけど間違いない組み合わせ

みたらし団子の豚バラ巻き

材料 | 2人分

みたらし団子…3〜4本
豚バラスライス…100g
すき焼きのたれ…大さじ2

作り方

1 市販のみたらし団子に、豚バラ肉を巻きつける。

2 油を引かずに熱したフライパンに、豚バラの巻き終わりを下にして並べ、焼き目をつける。

3 串を転がしながら焼き、肉に火が通ったら、すき焼きのタレをまわしかけて照りが出るまで煮詰める。

POINT

試作してみたらびっくりするくらいおいしかったのよ！

簡単、コスパよし、ヘルシー！

すりおろし玉ねぎのサラダチキン

| 材料 | 2人分

上州高原どりむね肉… 2枚
すりおろし玉ねぎドレッシング… 大さじ6

| 作り方 |

1 耐熱性のあるポリ袋に鶏肉と玉ねぎドレッシングを入れ、袋の外から手で揉み込み味をなじませたら空気を抜いて口を縛る。

2 鍋に耐熱皿を置いて湯を沸騰させたら袋ごと皿の上にのせ、すぐに火を止める。

3 ふたをして湯が冷めるまで30分以上放置し、肉の中心部まで火が通ったら完成。

POINT

節約家さんも
筋トレ好きさんも
みんな試してみて！

【1人あたり】
120円

[1人あたり]
135円

Item｜すりおろし玉ねぎドレッシング

暑い日にぴったり大人ランチ
トマトの冷製パスタ

材料 2人分

カペッリーニ…200g
トマト…大1個
ライトツナフレーク缶…1缶
にんにく…1片
青じそ…5枚
すりおろし玉ねぎドレッシング…適量
塩こしょう…少々

作り方

1 ボウルに、1cmの角切りにしたト
   マト、缶汁をきったツナ、みじん
   切りにしたにんにく、手で小さく
   ちぎった青じそ3枚、玉ねぎドレッ
   シングを入れ、しっかり混ぜた
   ら冷蔵庫で1時間ほど冷やす。

2 塩分濃度2％のお湯でパスタを袋
   の表示通りにゆでたら、ザルに上
   げて、冷水で洗いぬめりを取り、
   水けをきっておく。

3 1と2をあえて、細切りにした青
   じそ2枚を添えたら完成。

[1人あたり]
60 円

Item | 銀の胡麻ドレッシング

おかずあるいは晩酌のおともに
サバのごま煮

材料 2人分

サバの切り身…2切れ
しょうが…15g
銀の胡麻ドレッシング…80mℓ
水…100mℓ
酒…大さじ2
大葉…1枚

作り方

1 フライパンに水、酒を入れ強火で沸騰させたら、ごまドレッシング、サバ、薄切りにしたしょうがの順番で入れる。

2 再度沸騰したら弱火にし、落としぶたをして、汁気が少し残る程度になるまで煮詰める。

3 皿に盛り付け、お好みでドレッシング（分量外）をかける。

POINT

みそもいいけど
ドレッシングの
ごまも合うの！

[1人あたり]

120円

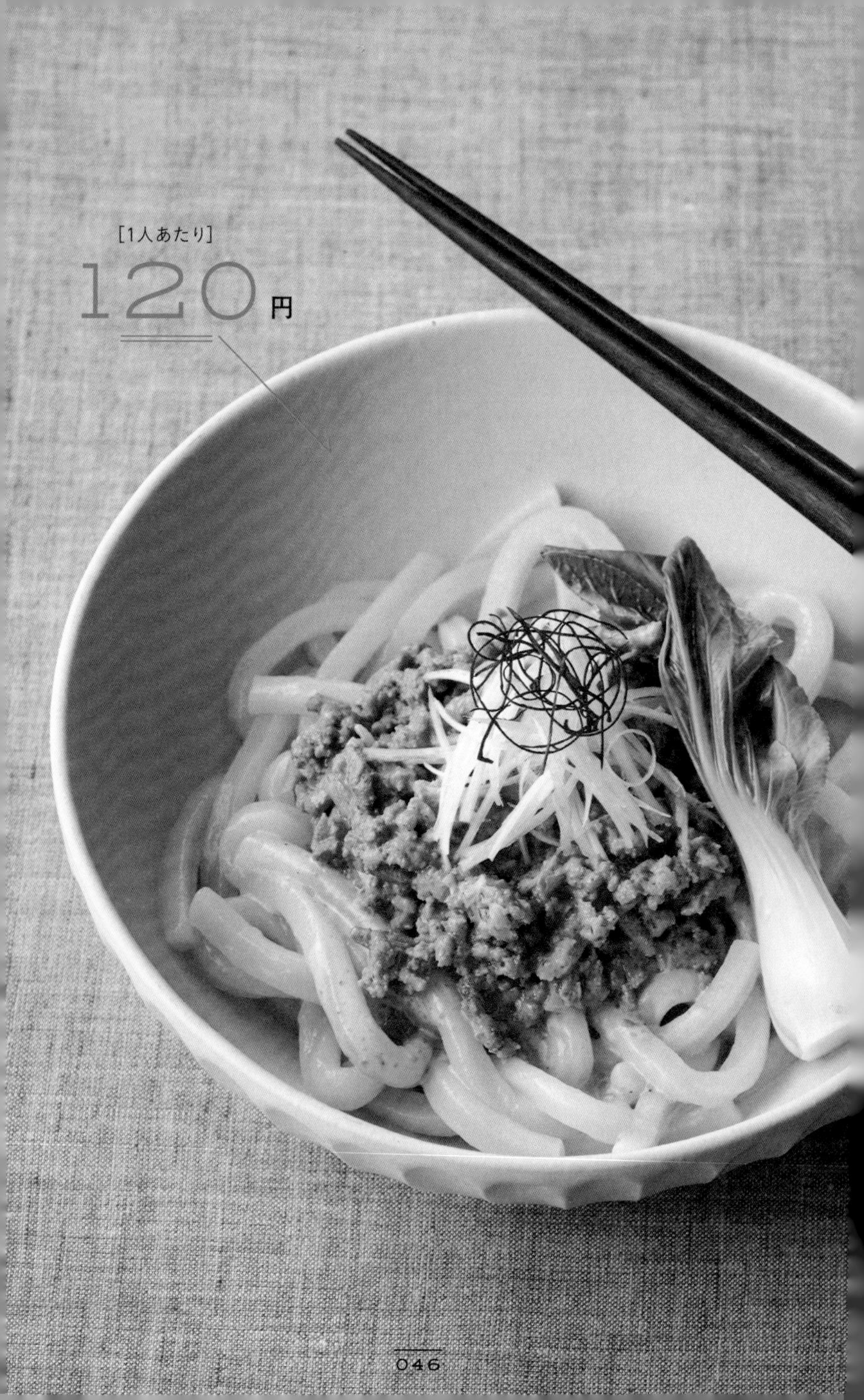

Item｜銀の胡麻ドレッシング

ごまの風味は
いつだって食欲をそそる

ごまドレ
坦々うどん

材料 2人分

讃岐うどん…2玉
豚ひき肉…150g
長ねぎ…10cm
銀の胡麻ドレッシング…大さじ5
豆板醤…小さじ1
ごま油…大さじ1
チンゲン菜…1株
白髪ねぎ、糸唐辛子…各少々

作り方

1 ごま油でひき肉、みじん切りにした長ねぎ、豆板醤を炒め、肉の色が変わったら、ごまドレッシングを大さじ3加える。

2 電子レンジで表記通りに解凍した冷凍うどんを皿に盛り、1と残りのドレッシングをかける。

3 ゆでて縦半分に切ったチンゲン菜、白髪ねぎ、糸唐辛子を盛り付ける。

110円

Item｜姜葱醤（ジャンツォンジャン）

あとを引くしょうがのうまさ

姜葱醤の塩焼きそば

材料 2人分

焼きそば中華麺…2玉
豚こま肉…100ｇ
にんにくチューブ…2㎝
ニラ…1/2束
もやし…1/2袋
A｜姜葱醤…大さじ3
　｜酒…大さじ1
ごま油…大さじ1
塩こしょう…少々

作り方

1 フライパンにごま油を引き中火にかけ、豚肉を炒め軽く塩こしょうをする。

2 豚肉の色が変わったら、5㎝長さに切ったニラ、もやし、にんにくを加え、軽く炒めたら麺を加える。

3 Aを加えて軽く炒め合わせたら完成。

［1人あたり］
131円

Item | 姜葱醤（ジャンツォンジャン）

少しの肉でできる我が家のごちそう

パクパク餃子

材料 | 24個分

キャベツとニラ 合わせて…200g

A | 豚ひき肉…180g
　　姜葱醤…大さじ2
　　しょうゆ…大さじ1
　　酒…大さじ1
　　にんにく チューブ…小さじ1

餃子の皮（大）…24枚

ごま油…適量

作り方

1 野菜はみじん切りにして水けをきって
　ボウルに入れ、Aを加えて粘り気が
　出るまでよく混ぜたら、皮で包む。

2 ごま油を引いたフライパンを熱し1を
　並べて、100mℓのお湯（分量外）を入れ
　たらふたをして蒸し焼きにする。

3 パチパチという音がして水分がなくな
　ったら、ふたを取り、底面がカリカリ
　になるまで焼き上げたら完成。

Item | ナンプラー

おもてなしでも活躍する卵料理の変化球

エスニック卵焼き

材料 2人分

卵…3個
ナンプラー…小さじ1と1/2
サラダ油…大さじ3
にんにく…1片
スイートチリソース…大さじ1
クリスピーフライドオニオン1kg
　…適量

作り方

1 ボウルに卵とナンプラーを入れ、しっかり溶いておく。

2 フライパンに油を引き中火にかけ、みじん切りにしたにんにくを加えて香りが立ってきたら、1を流し入れ、3分ほどそのまま焼く。

3 皿に盛り、スイートチリソースとフライドオニオンをかけて完成。

[1人あたり]
24 円

Item | ナンプラー

やめられない、止まらない!
肉だんごのエスニックスープ

材料 2人分

肉だんご…12個
もやし…1/2袋
しょうが…7g
にんにく…7g
ナンプラー…大さじ1
鶏だしの素(濃厚鶏味)…少々
パクチー…適量
サラダ油…大さじ1/2
水…4カップ

作り方

1　熱した鍋に油、みじん切りにしたにんにくとしょうがを入れて、中火で炒めて香りを出す。

2　1の鍋に水、鶏ガラスープの素、肉だんごを加えて沸騰させる。火を止める直前にもやしとナンプラーを加える。

3　お好みでパクチーをトッピングしたら完成。

[1人あたり]
19 円

Item｜おろしぽん酢

豆腐がごちそうに大変身！

安心の揚げ出し豆腐

[材料] 2人分

木綿豆腐…1丁
片栗粉…大さじ1
おろしぽん酢…大さじ1
サラダ油…大さじ2
小ねぎ…適量

[作り方]

1 豆腐を6等分に切り、キッチンペーパーで余分な水分を拭き取る。

2 豆腐に片栗粉をまぶし、油を引いたフライパンですべての面をしっかり焼く。

3 皿に盛り、おろしポン酢をかける。お好みで小口切りにした小ねぎをちらす。

POINT

手軽に作れて腹持ちも◎な最安レシピ！

[1人あたり]
125円

Item | おろしぽん酢

食卓を彩る、さっぱりした簡単副菜
野菜のポン酢漬け

材料 | 2人分

おろしぽん酢…50㎖
ごま油…少々
きゅうり…1本
ミニトマト…5個
ミョウガ…3個
白ごま…大さじ1

作り方

1 板ずりしたきゅうりを麺棒で叩き、食べやすくカットする。

2 ミニトマトはへたを取り、ミョウガは縦半分に切る。

3 ボウルにすべての材料を入れ、よく混ぜて冷やす。

POINT

さっぱりなのに満足
ごま油が
いい仕事するのよ〜

Item | 牛肉だしの素100g

簡単、満腹、間違いなし!

炊飯器で作る炊き込み牛丼

材料 | 4人分

牛肉切り落とし…200g

玉ねぎ…1個

米…2合

牛肉だしの素…大さじ1

A | しょうゆ…大さじ3
　　みりん…大さじ2
　　酒…大さじ2
　　砂糖…大さじ2
　　しょうがチューブ…10g

紅しょうが…適量

作り方

1　ボウルに食べやすい大きさに切った牛肉とAを入れてよく揉む。

2　炊飯器に研いだ米と牛肉だしの素を入れ、2合の目盛りの2〜3mm下まで水を入れる。

3　2に1を加えたら軽く混ぜ、くし形切りにした玉ねぎをのせて炊飯する。炊き上がったら器に盛り、紅しょうがをちらす。

郵便はがき

| 1 | 5 | 0 | - | 8 | 4 | 8 | 2 |

お手数ですが
切手を
お貼りください

東京都渋谷区恵比寿4-4-9
えびす大黒ビル
ワニブックス 書籍編集部

— **お買い求めいただいた本のタイトル** —

本書をお買い上げいただきまして、誠にありがとうございます。
本アンケートにお答えいただけたら幸いです。
ご返信いただいた方の中から、
抽選で毎月5名様に図書カード(1000円分)をプレゼントします。

ご住所　〒

TEL（　　　-　　　-　　　）

(ふりがな)
お名前

ご職業

年齢　　　歳

性別　男・女

いただいたご感想を、新聞広告などに匿名で
使用してもよろしいですか？　（はい・いいえ）

※ご記入いただいた「個人情報」は、許可なく他の目的で使用することはありません。
※いただいたご感想は、一部内容を改変させていただく可能性があります。

●この本をどこでお知りになりましたか？(複数回答可)

1. 書店で実物を見て　　　　　2. 知人にすすめられて
3. テレビで観た（番組名：　　　　　　　　　　　　　　）
4. ラジオで聴いた（番組名：　　　　　　　　　　　　　）
5. 新聞・雑誌の書評や記事（紙・誌名：　　　　　　　　）
6. インターネットで（具体的に：　　　　　　　　　　　）
7. 新聞広告（　　　　　新聞）　8. その他（　　　　　　）

●購入された動機は何ですか？(複数回答可)

1. タイトルにひかれた　　　　　2. テーマに興味をもった
3. 装丁・デザインにひかれた　　4. 広告や書評にひかれた
5. その他（　　　　　　　　　　　　　　　　　　　　　）

●この本で特に良かったページはありますか？

●最近気になる人や話題はありますか？

●この本についてのご意見・ご感想をお書きください。

以上となります。ご協力ありがとうございました。

[1人あたり]

87円

Item | 牛肉だしの素100g

万能調味料とカレーの風味で最強のおつまみ

枝豆の牛ダシカレー粉炒め

材料 | 2人分

冷凍枝豆…100g

A | 牛肉だしの素…小さじ1
   | カレー粉…小さじ1

作り方

1 フライパンに枝豆と水大さじ1（分量外）を加えたら中火で水分を飛ばす。

2 Aを1に加えて軽く炒め合わせたら出来上がり。

POINT

指についた粉まで舐めたくなるあと引くおいしさ！

第 3 章

肉も魚も
コスパ最強!

がっつり
おかず
レシピ

「お腹減った!」の声を聞くと
一気に上がるボルテージ。
しっかりとした味付けで、大人も子供もごはんが
どんどん進む魅惑のレシピをご紹介します。

Item | 上州高原どりもも肉

パパッと作れてボリューミー!

宮崎風
チキン南蛮

材料 | 2人分

上州高原どりもも肉…1枚
塩こしょう…少々
酒…大さじ1
小麦粉…少々
サラダ油…大さじ1
中華甘酢あん…適量
マヨネーズ…大さじ2
卵…2個

作り方

1 鶏肉は包丁で開き、厚さを均一にしたら、塩こしょうと酒をふりかける。

2 1に小麦粉をまぶし、油を引いたフライパンを中火にかけて皮目から焼き、途中で裏返して中まで火を通す。皿に盛り、甘酢あんを上からかける。

3 2のフライパンを熱してマヨネーズを入れ、溶き卵を加えたらかき混ぜながらトロトロの半熟たまごを作り、2の上にのせて完成。

[1人あたり]

110円

Item | 赤魚

まるで高級レストランの
クオリティー！

赤魚と
ムール貝の
アクアパッツァ

材料 | 2人分

赤魚… 2尾
ミニトマト… 8個
殻付ムール貝… 12個
にんにく… 1片
白ワイン… 100㎖
水… 50㎖
塩こしょう… 少々
オリーブオイル… 大さじ2
パセリ… 少々

作り方

1 みじん切りにしたにんにくとオリーブオイ
ルをフライパンで熱して、にんにくが軽く
色づいたら、赤魚を入れて両面を焼く。

2 1にムール貝、白ワイン、水を加えて強火
にして、沸騰したらミニトマトを加えてふ
たをする。

3 塩こしょうで味をととのえみじん切りにし
たパセリをふって完成。

おかずにもつまみにもなる
鶏肉料理の新定番

めちゃウマ
とりチャーシュー

| 材料 | 2人分

上州高原どりもも肉…250g

A | 砂糖…小さじ1
　| 酒…小さじ1
　| しょうゆ…小さじ1
　| 五香粉…少々
　| オイスターソース…小さじ1
　| 甜麺醤…小さじ1
　| しょうが(チューブ)…少々

ほうれんそう…適量
白がねぎ…適量

| 作り方 |

1　Aをまぶした鶏もも肉をラップで包んで、
　　キャンディのようにひねりながら両端を閉
　　じる。

2　電子レンジで4分加熱する。足りない場合
　　は30秒ずつ加熱して様子を見る。

3　皿に盛って、ほうれんそうと白がねぎを添
　　えて完成。

がっつりおかず
レシピ

[1人あたり]
100円

[1人あたり]
160円

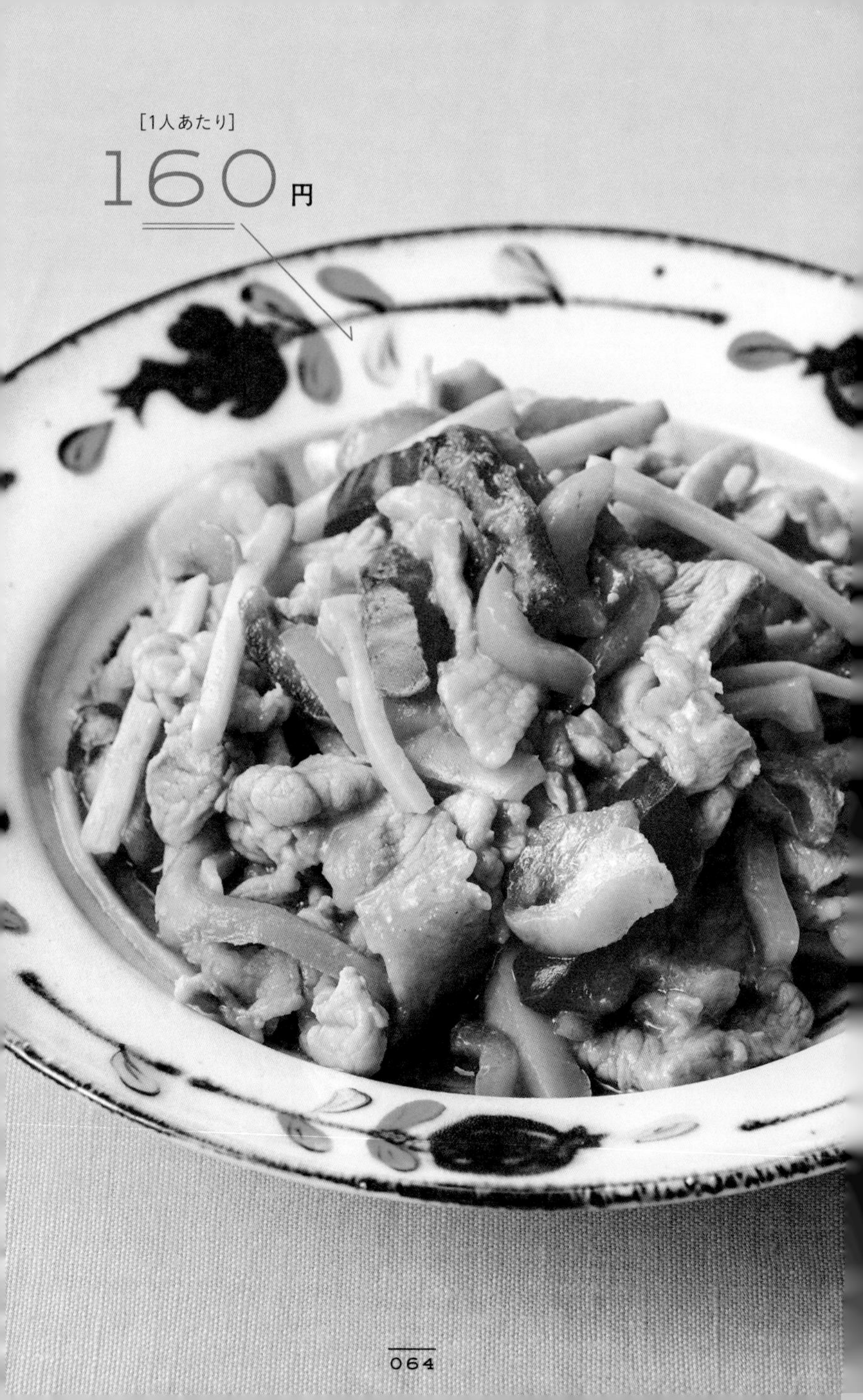

Item | 冷凍パプリカ

味の決め手は
オイスターソース

包丁いらずの 青椒肉絲

材料 2人分

豚こま肉…250g

たけのこ細切り水煮…1袋 80g

冷凍パプリカ…1/2袋

A 鶏だしの素(濃厚鶏味)…小さじ2
オイスターソース…大さじ1
しょうゆ、酒、みりん…各大さじ1/2

片栗粉…大さじ1

ごま油…大さじ1

作り方

1 片栗粉をまぶした豚肉を、ごま油を引いた
フライパンで炒める。

2 肉の色が変わったら、たけのこ、パプリカ
を加え、しんなりしたらAを加え軽く炒め
て完成。

炒めたトマトはうまみが大幅増!

大粒えびと卵と トマトの中華炒め

| 材料 | 2人分 |

大粒むきえび…10尾

卵…3個

トマト…大1個

ごま油…小さじ2

A | 鶏だしの素(濃厚鶏味)…小さじ1

酒…少々

塩…小さじ1/2

こしょう…少々

| 作り方 |

1 ボウルに卵、Aを加えてよく溶いておく。

2 ごま油小さじ1を引き強火にかけたフライパンに1を流し入れ、半熟になったら皿に取り出す。

3 2のフライパンに残りのごま油小さじ1を引き、くし形切りにしたトマトとえびを炒め、えびに火が通ったら2を戻して軽く混ぜ合わせて完成。

[1人あたり]

190円

Item | ビビンバ1kg

朝も昼もズブズブな関係

業スー的
熱々スンドゥブ

材料 2人分

ビビンバ1kg…100g
キムチ…200g
殻付あさり…15個
絹ごし豆腐…1丁
牛肉だしの素…大さじ1
酒…大さじ1
みそ…大さじ1
ごま油…大さじ1
水…2カップ

作り方

1 熱した鍋にごま油を引き、キムチを軽く炒めたら、水を注ぐ。

2 牛肉だしの素、酒、みそを1に加えて温める。

3 沸騰したらビビンバ、あさり、一口大にカットした豆腐を2の鍋に入れ、5分煮込んだら出来上がり。

Item | ピリ辛ピーナッツ（麻辣味）

花椒とピーナッツの食感で
まるで店の味！

スパイス香る
山椒鶏肉炒め

材料 | 2人分

上州高原どりもも肉…1枚
ピリ辛ピーナッツ（麻辣味）…1/2袋
にんにく…1片
しょうが…1片
酒…大さじ1
しょうゆ…小さじ1
サラダ油…小さじ1

作り方

1 鶏肉は皮を取り除き、一口大にカットする。

2 油を引いて中火で熱したフライパンで、み
じん切りにしたにんにく、しょうがを炒め
て香りを出したら、1を加えて炒め、中ま
でしっかりと火を通す。

3 2にピリ辛ピーナッツと酒、しょうゆを
入れ、軽く炒め合わせたら完成。

[1人あたり]
102円

主役はキムチと鶏肉の
うまさがしみこんだ大根

韓国風
手羽元大根煮

材料 2人分

上州高原どり 手羽もと…6本
大根…5cm
キムチの素…50mℓ
みそ…小さじ2
にんにくチューブ…1cm
すり白ごま…大さじ3
水…1カップ
ごま油…大さじ1

作り方

1 ごま油を引いた鍋でにんにくを炒めて香り
を引き出したら、手羽もとと1cm厚さのい
ちょう切りにした大根に焼き目がつくまで
中火で炒める。

2 1の鍋にキムチの素、みそを加えてさらに
炒める。

3 2に水を加え20分ほどコトコト煮る。仕
上げにすり白ごまを加えて完成。

［1人あたり］
1OO円

[1人あたり]

60円

Item | かぼちゃ

たまにはほっこりやさしい味をどうぞ

かぼちゃの10分ポタージュ

材料 2人分

かぼちゃ…150g
刻み玉ねぎ…100g
バター…大さじ1
牛乳…1カップ
コンソメ…小さじ1/2
塩こしょう…少々

作り方

1 バターで玉ねぎを軽く炒めてうっすらと透明になったら、かぼちゃと牛乳を加えて弱火で5分温める。

2 1をミキサーにかけてなめらかにしたら、コンソメと塩こしょうで味をととのえて完成。

POINT

冷凍野菜で
ビタミン・ミネラル
を補給しましょう！

第 4 章

やっぱり
炭水化物LOVE♡

ごはん、麺、パン
レシピ

定番レシピに一工夫加えれば、
簡単だけど見栄えがする主役の完成！
「おかわり！」の声が止まらない
めちゃウマなレシピをご覧ください。

ココナツと出会えば
エスニック

サバ缶
ココナツカレー

| 材料 | 2人分 |

さば水煮缶詰…1缶
カレールー…2皿分
ココナッツミルク…400㎖
冷凍パプリカ…100g
刻み玉ねぎ…100g
にんにく…1片
サラダ油…小さじ1

| 作り方 |

1 熱した鍋に油を引き、みじん切りにしたに
んにく、冷凍玉ねぎ、冷凍パプリカを炒め、
玉ねぎがすき通ったらサバ缶を汁ごと加え
軽く炒める。

2 ココナッツミルク、カレールーを加えて煮
溶かし、沸騰直前まで温めたら完成。

POINT

まろやかなのに
クセになる
おいしさ！

[1人あたり]

195円

[1人あたり]
67 円

Item | むきあさり

冷凍あさりを使えばあっという間！
スー子流超簡単深川めし

材料 4人分

むきあさり…200g
米…2合
A | しょうゆ・酒・味醂…各大さじ2
  | だしの素…大さじ1
しょうが…1片(15g)
小ねぎ…少々

作り方

1 研いだ米とAを炊飯器に入れ2合の目盛りまで水を加える。

2 あさりと千切りにしたしょうがを入れ、炊飯器のスイッチを入れる。

3 炊き上がったら全体を軽く混ぜ、器に盛り、小口切りにした小ねぎをちらせば完成。

POINT

深川の漁師が愛した
まかない飯は
貝のうまみがギュッ

[1人あたり]
98円

Item | さばオリーブオイル漬け

サバのうまみをパスタにまとわせる

サバチョビパスタ

材料 | 2人分

スパゲッティ…200ｇ
さばオリーブオイル漬け…1缶
にんにく…1片
鷹の爪…1本
粗挽き黒こしょう…適量

作り方

1 パスタを袋の表示通りにゆでる。

2 耐熱ボウルにサバ缶を油ごと入れて、軽くほぐしたら、つぶしたにんにく、鷹の爪も加えラップをしてレンジで3分加熱する。

3 しっかり湯きりした1を2に加え、黒こしょうを加えてよく混ぜ合わせたら完成。

POINT

アンチョビ代わりに
サバを使った
お手軽激ウマレシピ

[1人あたり]
65 円

Item | スモークチキンスライス

食べ盛りの子供のおやつに最適
スモークチキンのラップサンド

材料 | 2人分
冷凍トルティーヤ…2枚
スモークチキンスライス…6枚
リーフレタス…1枚
マヨネーズ…大さじ1
ホットチリソース…大さじ1

作り方

1 トルティーヤは解凍して表示の通り加熱し、その上に半分にちぎったレタス、スモークチキンを3枚のせる。

2 マヨネーズとホットチリソースを混ぜ合わせ1の具の上からかける。

3 トルティーヤの端から中心に向かって筒状に巻いたら出来上がり。

POINT

簡単なのにおしゃれ
なんでも自由に
巻いちゃって!

130 円

Item | 讃岐うどん

抗いがたい誘惑メシ

悪魔の明太マヨうどん

材料 2人分

讃岐うどん…2玉
明太子…1腹（2本）
めんつゆ（3倍濃縮）…大さじ1
マヨネーズ…大さじ2
のり…適量

作り方

1 冷凍うどんを袋の表示通りにレンジで解凍する。

2 ボウルにのりを除くすべての材料を入れ混ぜ合わせる。

3 仕上げに刻んだのりをふりかけたら完成。

POINT

ひと口目で
替え玉がほしくなる
脳天直撃のうまさ

[1人あたり]
72円

Item | ミートコロッケ

コロッケをバンズにしたらボリュームたっぷり
新感覚★コロッケサンド

材料 | 1人分

ミートコロッケ…2個
ゆで卵…2個
マヨネーズ…大さじ2
ケチャップ…適量
パセリ…適量
揚げ油…適量

作り方

1 固ゆでにした卵を包丁で細かく刻んで、マヨネーズとあえる。

2 ミートコロッケを少量の油で表示通りの時間揚げ焼きにして、粗熱が取れたら、厚みを半分に切れ目を入れる。

3 2の切れ目に1を挟み、ケチャップとパセリをのせたら完成。

POINT

普通のコロッケに
飽きているなら
一度はお試しを！

[1人あたり]
77円

Item | ごぼうにんじんミックス

おかずがなくてもこれさえあれば大満足！

ツナと根菜の炊き込みごはん

材料 | 4人分

ごぼうにんじんミックス…1/2袋
ライトツナフレーク缶…1缶
めんつゆ（3倍濃縮）…大さじ4
米…2合
小ねぎ…適量

作り方

1 炊飯器に研いだ米、めんつゆ、油をきったツナ缶を加えて、2合の目盛りまで水を入れる。

2 1に冷凍のままごぼうにんじんミックスを入れ炊く。

3 炊き上がったらざっくり混ぜて器に盛って完成。

POINT

余ったら
冷凍おにぎりにして
有効活用よ！

[1人あたり]
85円

きのことベーコンの飽きないうまさ

きのこの和風ミックスパスタ

材料 | 2人分

スパゲッティ…200g
きのこ各種…合わせて200g
グラスフェッドポンドバター加塩
　…大さじ1
柚子こしょう…小さじ1
めんつゆ（3倍濃縮）…大さじ2
ベーコン…2枚
のり…適量

作り方

1 バターを入れ熱したフライパンで、1cm幅にカットしたベーコンときのこがしなっとするまで炒める。

2 袋の表示通りにゆでたパスタを1に加え、柚子こしょう、めんつゆを加えて軽く混ぜる。

3 器に盛り、仕上げに刻んだのりをちらして完成。

[1人あたり]
71円

Item | さば水煮缶詰

休日の朝に食べたいヘルシーサンド

激うまサバサンド

材料 2人分

食パン（8枚切り）…4枚
玉ねぎ…1/4個
さば水煮缶詰…1缶
マヨネーズ…大さじ4
しょうゆ…小さじ1
パセリ…20g
レモン（半月切り）…適量

作り方

1 マヨネーズとしょうゆを混ぜ合わせる。

2 食パン4枚はトーストし、片面に1を塗っておく。

3 2に汁けをきったさば、3mm幅にスライスした玉ねぎ、パセリを挟んだら完成。

POINT

週末の朝食に
少し手間をかけて
いかがでしょう？

Item｜野菜がゴロゴロカレー

総菜パンの王様を自宅で堪能

座布団
カレーパン

材料 2人分

食パン（8枚切り）… 4枚
小麦粉… 大さじ2
水… 20㎖
野菜がゴロゴロカレー… 1/2パック
バッター液（卵1個、小麦粉大さじ4、水大さじ2）
パン粉… 適量
揚げ油… 適量

作り方

1 食パンは耳を落として、手をグーにしてたたきながら厚さを薄くする。

2 小麦粉と水を溶き合わせてのりを作る。

3 1の真ん中にカレーをのせて、パンのふちに2を塗り、もう一枚のパンをかぶせる。

4 ふちを強く押さえて圧着させ、バッター液、パン粉の順に衣をつけて、180℃の揚げ油で3分揚げたら完成。

[1人あたり]
70 円

Item | ポテトニョッキ

ニョッキの一番おいしい食べ方はこれだ

ニョッキボナーラ

材料 2人分

ポテトニョッキ…250g
ベーコン…80g
豆乳…1カップ
卵…2個
とろけるナチュラルチーズ1kg…50g
塩こしょう…少々
オリーブオイル…大さじ2
にんにく…1片

作り方

1 ニョッキは袋の表示通りゆでる。

2 ボウルに、卵、豆乳、チーズをよく混ぜ合わせておく。

3 フライパンに、オリーブオイル、みじん切りにしたにんにくを入れ弱火にかけ、じっくり香りを引き出したらベーコンを加えてさらに炒める。

4 いったん火を止め1と2を加え、手早くかき混ぜたら塩こしょうで味をととのえて、お好みのとろみ加減になるまで弱火にかけたら完成。

［1人あたり］
150 円

Item | ささみチーズフライ(青紫蘇入)

酢飯とソースがベストマッチ!

ささみフライのソース太巻き

［ 材料 ］ 2人分

ごはん…茶碗2杯分
のり…2枚
酢飯の素…山盛り大さじ2
ささみチーズフライ(青紫蘇入)…4本
中濃ソース…大さじ1
リーフレタス…適量
揚げ油…適量

POINT

味見でパク!
できたらパク!
食べすぎ注意!

［ 作り方 ］

1 炊きたてのごはんに酢飯の素を混ぜ、粗熱を取る。ささみチーズフライは少量の油で揚げ焼きにする。

2 ラップの上にのりを置き、1の酢飯を薄く敷き詰めレタス、フライの順にのせ、ソースをかける。

3 ラップの端を持ち上げたら、勢いよく巻いて軽く押しかためて太巻きにし、ラップを巻いたまま切り分け出来上がり。

089

[1人あたり]
128円

簡単、うまし、ヘビロテ決定！

包丁いらずのミートソース

材料　2人分

豚ひき肉…250g
刻み玉ねぎ…100g
ケチャップ…大さじ5
中濃ソース…大さじ1
オリーブオイル…大さじ1
スパゲッティ…200g
粉チーズ…適量
パセリ…適量

作り方

1　スパゲッティを袋の表示通りにゆでる。

2　オリーブオイルを引いたフライパンでひき肉を炒める。

3　肉の色が変わったら、玉ねぎを加えて軽く炒め、ケチャップ、中濃ソースを加えてとろみがつくまで煮詰める。

4　湯をきった1をザルに上げて、3をかけたら、仕上げに粉チーズとパセリをちらして完成。

[1人あたり]
5円

Item｜冷凍トルティーヤ

忙しい朝にもってこい
1分ブリトー

材料 | 2人分

冷凍トルティーヤ…2枚
とろけるナチュラルチーズ…4
ハム…4枚

作り方

1　トルティーヤは解凍し、袋の表示通りに熱しておく。

2　1にチーズとハムを等分に分けてのせたら半分に折り、フライパンで軽く温める。チーズがとろけたら完成。

POINT

パンより手軽！
パンよりおしゃれな
朝食の新定番！

[1人あたり]
５４円

子供が大好き！　大人もパクつけ！
極厚ハムのスパム握り

[材料] 2人分

業務用ハム…100g
ごはん…茶碗2杯分
酢飯の素…大さじ1
マヨネーズ…大さじ1
しょうゆ…小さじ1/2
サラダ油…適量
のり…1/4枚

[作り方]

1 ごはんと酢飯の素を混ぜて酢飯を作る。マヨネーズとしょうゆは混ぜておく。

2 ハムを2cm厚さにカットし、さらに半分に切ったら、油を引いたフライパンで両面こんがり焼く。

3 酢飯を俵形に握りマヨしょうゆを塗ったら2をのせてラップでしっかり包み形を整え、細切りにしたのりで巻く。

第 5 章

つまんで飲んで、
飲んでつまんで

おつまみ
レシピ

自宅でお酒を飲みたい気分のときは、
簡単なつまみを作れば健康的かつ経済的。
3 分から作れるレシピを用意しました。
お店のような絶品つまみに気分はアゲリシャス！
とはいえ、飲み過ぎには要注意！

Item | 赤箱焼売

野菜不足をパパッとカバー

シュウマイの 野菜あんかけ

材料 | 2人分

赤箱焼売… 9個
冷凍パプリカ…150g
もやし… 1/2袋
中華甘酢あん… 大さじ1
ごま油… 小さじ1
揚げ油… 適量

作り方

1 冷凍のシュウマイを180℃に熱した油で1分ほど素揚げする。軽く色づいたら皿に並べる。

2 ごま油を引き熱したフライパンで、冷凍パプリカともやしを軽く炒め、中華甘酢あんの素を入れたら混ぜ合わせる。

3 1の上にたっぷり2をかける。

POINT

シャキシャキ食感と
シュウマイの肉感が
奏でるハーモニー

[1人あたり]

101円

[1人あたり]
36 円

Item | ポテトサラダ

最高にギルティなハイカロリーフード

ポテサラ三角春巻き

材料　4〜5人分

ポテトサラダ…150g
春巻の皮…10枚
片栗粉…5g
水…10ml

作り方

1 春巻きの皮を3等分に切り、皮の
　はしっこにポテトサラダを小さじ
　1ずつのせる。

2 三角形に折って、最後に片栗粉と
　水で溶いたのりを塗ってとめる。

3 180℃に熱した油で3分ほど揚げ
　る。軽く色づいたらすぐに油から
　上げて完成。

POINT

ポテトサラダを
さらに揚げるという
スー子の新提案です

［1人あたり］
113 円

Item｜鶏もも串（加熱済みタレ無）

簡単で失敗しらずのアレンジレシピ

鶏ももとにんにくの芽炒め

［材料］2人分

鶏もも串…8本
にんにくの芽…100ｇ
ごま油…小さじ1
A｜鶏がらスープの素…小さじ1
　｜しょうゆ…小さじ1
　｜中華だし…小さじ1

［作り方］

1 串から肉をはずし、ごま油を引いたフライパンで焼く。

2 5cm長さに切ったにんにくの芽を1に入れてさらに炒める。

3 Aを2に入れて水分が飛んだら完成。

POINT

5分で完成！
加熱済みだから
めっちゃ簡単！

[1人あたり] 45円

Item | フライドポテト(シューストリングカット)

まちがいなくお腹いっぱい！

満腹スパニッシュオムレツ

材料 　3～4人分

フライドポテト(シューストリングカット)
　　…200ℊ
卵…5個
玉ねぎ…1/2個
徳用ウインナー…4本
ミックスベジタブル…100ℊ
塩こしょう
コンソメ…1個 5ℊ
塩…小さじ1/2
サラダ油…適量

作り方

1 玉ねぎは大きめのみじん切り、ウインナーは薄く輪切り、卵は溶きほぐしておく。

2 熱したフライパンに油を引き、玉ねぎ、ウインナー、フライドポテト、ミックスベジタブルを入れて炒める。コンソメ、塩こしょうで味付けをしたら、溶き卵を流し込む。

3 ふたをして弱火で5分蒸し焼きにする。ひっくり返したらふたを取ってさらに5分焼いたら完成。

[1人あたり]
189 円

Item | とろけるナチュラルチーズ1kg

だれもが一度は憧れたごちそうです
簡単チーズフォンデュ

材料 4人分

とろけるナチュラルチーズ1kg…250g
片栗粉…大さじ1
牛乳…100㎖
徳用ウインナー…6本
じゃがいも…2個
ブロッコリー…1/2株
フランスパン…1/4本

作り方

1 フォンデュの具材を一口大にカットし、ブロッコリーはレンジで2分、じゃがいもは4分、ラップをかけずに加熱しておく。ホットプレートに材料をのせて並べて焼く。

2 耐熱皿にチーズと片栗粉を入れよく混ぜて、牛乳を加えて、ラップをかけてレンジで3分温める。

3 半分ほど溶けたら耐熱皿ごとホットプレートにのせてチーズを溶かしながら、好きな具をつけて食べる。

Item | オイルサーディン（いわし油漬け）

最後の一滴まで残さず
味わいたい

オイルサーディン
アヒージョ

材料　2人分

オイルサーディン（いわし油漬け）…1缶
にんにく…1片
赤唐辛子…1本
きのこ各種…100g
オリーブオイル…大さじ1
塩…少々

作り方

1　にんにくはスライス、きのこは好みの大き
　　さにカットする。

2　小鍋にすべての材料を入れる。

3　トースターかグリルで5分ほど加熱したら
　　完成。

POINT

余った油は
パンにつけても
パスタとあえても◎

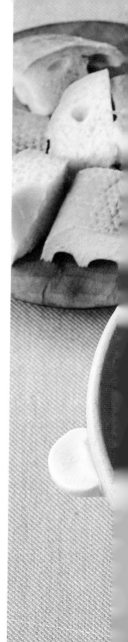

［1人あたり］
69円

Item | かに風味かまぼこ

無限にブロッコリーが
食べられる魔法のレシピ

カニ風味の
ブロッコリー炒め

材料 | 2人分

かに風味かまぼこ…10本

ブロッコリー…1株

卵白…1個分

A | ごま油…少々
酒…大さじ1
しょうゆ…小さじ1
鶏だしの素(濃厚鶏味)…小さじ1/2
水…150mℓ

片栗粉…小さじ1

作り方

1 鍋にAを入れて火にかけスープを作って、その中にかに風味かまぼこを入れる

2 スープに卵白を加えて軽く混ぜたら、水(分量外)で溶いた片栗粉を加えてとろみをつける。

3 ゆでたブロッコリーを皿に盛り、上から2のあんをかける。

[1人あたり]
42円

Item | ポテトサラダ

ビールに最高なB級グルメ
熊本風ちくわサラダ

[材料]　2人分

ポテトサラダ…100g
ちくわ…3本
天ぷら粉…大さじ2
あおさのり…適量
サラダ油…適量

[作り方]

1 縦方向にちくわに切れ込みを入れて、中にポテトサラダを詰める。

2 天ぷら粉を水(分量外)で溶き、あおさのりを加えて衣を作る。

3 1のちくわを2にくぐらせて、180℃の揚げ油で軽く色づくまで揚げたら完成。

POINT

磯辺揚げとポテサラがこんなに合うなんて！まさしくちくわ七変化

[1人あたり]
35円

Item | 紅千切生姜

大人はみんな大好きです

関西風紅しょうが天ぷら

[材料] 2人分

紅千切生姜…80g
天ぷら粉…大さじ5
サラダ油…適量

[作り方]

1 汁けをきった紅しょうがと水で溶いた天ぷら粉を合わせる。

2 1の具を4cm大にして、できるだけ薄い円ばん状にして、180℃に熱した油で入れて軽く色付くまで揚げたら出来上がり。

POINT

お好みで塩、ソース、天つゆを使い分けてください

[1人あたり]
125円

Item｜徳用ウインナー

栄養たっぷりの豆を
おいしくいただきます

ウインナーと
ひよこ豆の
煮込み

材料 ｜ 2人分

ひよこ豆缶…1缶
徳用ウインナー…6本
にんにく…1片
玉ねぎ…1/2個
オリーブオイル…大さじ1
A｜水…2カップ
　｜白ワイン…50㎖
　｜コンソメ（顆粒）…小さじ1/2

作り方

1　オリーブオイルを引き中火で熱した鍋に、
　　みじん切りにしたにんにくと玉ねぎ、6等
　　分にカットしたウインナーを加えて炒める。

2　ひよこ豆缶をザルにあけて水で軽くすすい
　　でから1の鍋に入れる。

3　Aを加えて、汁が少し残る程度煮込んだら
　　完成。

[1人あたり]
40円

Item | 中華調味料(甘辣ベース)

想像以上にあと引くうまさ！

中華風味のシャカシャカポテト

[材料] 2人分

中華調味料(甘辣ベース)…小さじ1.5
フライドポテト
　（シューストリングカット）…300g
サラダ油…適量

[作り方]

1 冷凍フライドポテトを180℃の油で袋の表示通り揚げる。

2 油をきって、中華調味料をまぶしたら完成。

POINT

チャイニーズ
ジャンクよ、
こんにちは！

[1人あたり]
100円

Item | 徳用ウインナー

簡単だけど野菜の甘さがごちそうに
徳用ウインナー のほっこりポトフ

材料 | 2人分

徳用ウインナー…8本
キャベツ…1/3玉
じゃがいも…中2個
にんじん…1本
水…4カップ
塩…小さじ1/2
コンソメ…5g
粗挽き黒こしょう…適量

作り方

1 キャベツは芯を付けたまま2等分に、じゃがいもは皮をむいて2等分に、にんじんは4等分にする。

2 鍋に水、コンソメ、ウインナー、1を入れて、じゃがいもがやわらかくなるまで煮る。

3 最後に塩とこしょうで、味をととのえたら完成。

[1人あたり]
6 5 円

Item | ケイジャン風スパイス

絶対に失敗しない鉄板おつまみ
南アメリカ風ケイジャン炒め

材料 | 2人分

徳用ウインナー…6本
冷凍皮付きフライドポテト…12本
ケイジャン風スパイス…大さじ1
サラダ油…大さじ1

作り方

1 フライパンに油を熱してフライド
ポテトを揚げ焼きにする。

2 縦4等分ににカットしたウインナ
ーを1に加えて軽く炒める。

3 ケイジャンスパイスをふりかけ、
混ぜ合わせたら完成。

POINT

ハイボールを
飲みながら
食べてみてはいかが?

第 6 章

鬼安なのに、
本格的なおいしさ♪

スイーツ
レシピ

ちょっとしたおもてなしから、
子供のおやつ、毎日頑張っている
自分へのご褒美にもどうぞ。
とっておきのレシピで
お腹も心も満たしてください。

[1人あたり]
194円

Item | アマンディホイップフローズン

ユニークなアレンジでみんなの注目を集める
仏ケーキ

材料 ┐ 直径15cmのシリコンケーキ型1台分

卵…3個
砂糖…50g
ホットケーキミックス…150g
グラスフェッドボンドバター加塩
…大さじ2
アマンディホイップフローズン
フィンガービスケット…1箱
チョコスナック…1袋
冷凍いちご…50g
チョコペン…適量

作り方 ┐

1 ボウルに卵、砂糖を入れフワフワになるまで泡立てたら、ホットケーキミックス、溶かしバターを加え、さっくり混ぜる。

2 シリコンケーキ型に1を流し込みレンジで8分加熱。型から出したら粗熱を取る。

3 2にアマンディーホイップやいちご、ビスケットで飾り付け、チョコスナックとチョコペンで自由に絵を描いたら完成。

[1人あたり]
46円

Item | フルーツクランチ

歯ごたえがあって満足度高め
甘々グラノーラバー

材料　4人分

フルーツクランチ…150g
マシュマロ…50～60g

作り方

1　マシュマロを耐熱ボウルに入れ、電子レンジで60秒ほど加熱したら、フルーツクランチを加えて手早く混ぜ合わせる。

2　バットにクッキングシートを敷き、1を均一にならしながら流し込む。

3　2のバットを冷蔵庫に入れて1時間以上冷やしかためて、包丁で切り分けたら完成。

POINT

2つの材料から作る
ズボラスイーツなのに
泣くほどおいしい

[1人あたり]
95円

Item | アマンディホイップフローズン

どこか懐かしい味がするごちそうケーキ
昔風ビスケットのケーキ

材料　2人分

ビスケット…8枚
牛乳…150㎖
アマンディ ホイップフローズン…50g
冷凍いちご…50g
ミントの葉…適量

作り方

1 牛乳にビスケットをさっとくぐらせて皿に敷き、ホイップクリームを絞る。それを交互に4回繰り返す。

2 側面もホイップでコーティングしたら、ラップかけて1時間程度冷やす。

3 冷凍いちごとミントの葉を飾り付けたら完成。

POINT

懐かしくて控えめな
甘さがお口いっぱいに
広がります

114

[1人あたり]
75 円

Item | 神戸物産 ホットケーキミックス

デザートを作ってあげたい相手はいますか
ホケミで簡単ビスコッティ

材料 | 2人分

ホットケーキミックス
　…150g
卵…1個
サラダ油…小さじ1
ミックスナッツ…30g
レモンの皮…適量
打ち粉…適量

作り方

1 卵、油をボウルの中でよく混ぜたら、ホットケーキミックスを加えてザックリと切るように混ぜる。

2 1にレモンの皮をすりおろしたものとミックスナッツを入れたら、打ち粉をまぶしながら2等分にし、コッペパン形にする

3 天板にオーブンペーパーを敷き190℃に予熱したオーブンで2を25〜30分焼く。

4 3を取り出し2cm幅に切り分けたら、断面を上にして並び替え、160℃にしたオーブンでさらに10分ほど焼いて完成。

Item | 冷凍ストロベリーダイスカット

1分でお店クオリティーのスイーツが完成！

イチゴミルクシャーベット

材料 1人分

冷凍ストロベリーダイスカット…60g
牛乳…150mℓ
砂糖…大さじ1

作り方

1 材料をすべてミキサーに入れ、ストロベリーの果肉が残るくらいに混ぜ合わせたら出来上がり。

POINT

大きめのグラスに
入れてかき混ぜる
だけでもOK！

[1人あたり]
40円

Item | グラスフェッドポンドバター加塩

材料3つであのカリカリが完成！

座布団メロンパン

材料 | 1人分

食パン…1枚
グラスフェッドポンドバター加塩
　　…大さじ1
小麦粉…大さじ2
砂糖…大さじ1

作り方

1 バターと砂糖を耐熱皿に入れて、レンジで30秒加熱する。

2 1に小麦粉を加えてペースト状にしたらパンに塗り、好みで格子状の模様をつける。

3 トースターで焦げ目がつくまで焼く。焼きたてはやわらかいので、粗熱が取れるまで待つとカリカリになる。

POINT

メロンパンは
買う時代から
作る時代に！

[1人あたり]
30円

Item | コーヒーゼリー

甘みと苦みの和風二重奏♪

コーヒーゼリーのわらび餅

材料 | 1人分

コーヒーゼリー… 1/8切れ（125g）
きな粉… 8g

作り方

1 コーヒーゼリーを角切りにする。

2 1にきな粉をまぶして完成。

POINT

きな粉の絶大な力で
コーヒーゼリーが
生まれ変わります

Item｜すっきりザクロ酢

後味すっきりのニュータイプドリンク

ザクロ酢ヨーグルト

材料 2人分

すっきりザクロ酢…1/2カップ
牛乳…2カップ

作り方

1 牛乳にザクロ酢を加え、よく混ぜたら出来上がり。

POINT

程よい酸味が
清涼感と満足感を
生み出します

[1人あたり]
30円

Item | ユースイート（ノンシュガー甘味料）

定番の駄菓子をDIYで！

ユースイートきなこ棒

材料 | 2人分

ユースイート（ノンシュガー甘味料）
　　…大さじ2
はちみつ…大さじ2
きな粉…60g

作り方

1 ボウルにきな粉、ユースイート、はちみつを加えて、耳たぶくらいの硬さになるよう練り込む。

2 1を2cm太さくらいの棒状に伸ばし、5cm長さに切り分けたら、きな粉をまぶす。

POINT

口の中に広がる
控えめな甘さと
幼い頃の思い出

[1人あたり]
44円

Item | 餃子の皮(大)

餃子の皮万能論、勃発！
餃子の皮でモチモチ生八つ橋

材料 | 2人分

餃子の皮(大)…6枚
つぶあん…30g
きな粉…大さじ2
シナモン…適量

作り方

1 餃子の皮を30秒ゆでたら、水を張ったボウルに入れて冷やす。

2 あんこ小さじ1を1の真ん中に置き、半分に折り畳む。

3 きな粉とシナモンを合わせ、2にまぶしたら完成。

POINT

モチモチ感が◎
京都の銘菓をおうちで
堪能しましょう

Outroduction

おわりに

「すごい店がある」

　友人からの情報をもとに自宅から1時間ほど車に揺られて向かった店こそが、業務スーパーでした。

　店に入ったときの衝撃は今でも忘れません。それまで通っていた普通のスーパーと違って、冷凍食品ケースがどーんと主役を張る店内の様子。見たことのない商品と、驚くべき低価格。興奮のあまり大量に商品を購入して帰宅したその日以来、足繁く業スーに通うようになりました。

　今では毎日のように業スーの食品を食べ続け、アレンジメニューを作り続け、使い倒しています。ちなみに私の3種の神器は「各種冷凍野菜」「すき焼きのたれ」「5kg入りスパゲッティ」。皆さんも自分のお気に入りとなる商品に、きっと出会えるはず。ぜひ、探してみてください。

　この本を通じて、皆さんが料理を作る楽しさに目覚めたり、おうちご飯で贅沢な時間を過ごしていただけると嬉しい限りです。

　最後になりましたが『ヒルナンデス!』スタッフの皆さん、書籍制作でお力添えをいただいた皆さん。お世話になった皆さんに心から御礼を申し上げます。

業務田スー子

索引

staff

アートディレクション	細山田 光宣
装丁・本文デザイン	木寺 梓
	竹内瑠奈（細山田デザイン）
撮影	市瀬真以
調理	業務田スー子
	あまこようこ
調理助手	山本成美
	長谷川ちひろ
	椎名瑞恵
フードスタイリスト	茂庭 翠
ヘアメイク	高部友見
構成	キンマサタカ（パンダ舎）
校正	東京出版サービスセンター
編集	小島一平・中野賢也
	（ワニブックス）
出版プロデューサー	将口真明、飯田和弘
	（日本テレビ）

ヒルナンデス！テレビスタッフ

チーフプロデューサー	横田 崇
演出	五歩一勇治
曜日演出	冨永琢磨
統括プロデューサー	三觜雅人
プロデューサー	小林拓弘
	藤井良記
	沢田健介
	大野光浩（えすと）
	橋村青樹（えすと）
	佐々木 誠（ホリプロ）

制作協力

株式会社神戸物産

※本書掲載の商品価格を含む情報は2020年9月現在のものです。店舗や時期により、商品の取り扱いや価格、パッケージが異なる場合があります。

業務田スー子の

ヒルナンデス！
時短・爆安 神レシピ！

2020年9月30日　初版発行

著者	業務田スー子
発行者	横内正昭
編集人	青柳有紀
発行所	株式会社ワニブックス
	〒150-8482
	東京都渋谷区恵比寿4-4-9
	えびす大黒ビル
	電話　03-5449-2711（代表）
	03-5449-2716（編集部）
印刷所	大日本印刷株式会社
DTP	有限会社 Sun Creative
製本所	ナショナル製本